LA AMISTAD
Cookbook

English/Spanish

3G Publishing, Inc.
Loganville, Ga 30052
www.3gpublishinginc.com
Phone: 1-888-442-9637

First published by 3G Publishing, Inc. May, 2016

ISBN: 978-1-941247-02-0

Printed in the United States of America

Because of the dynamic nature of the Internet, any web addresses or links
contained in this book may have changed since publication and may no longer
be valid. The views expressed in this work are solely those of the author and
do not necessarily reflect the views of the publisher, and the publisher hereby
disclaims any responsibility for them.

LaAmistad Staff

LaAmistad Children & Team

Table of Contents
Tabla de Contenidos

Introduction/Introducción
History of LaAmistad/Historia de LaAmistad

About LaAmistad

★Our Name

The words la amistad mean "the friendship" in Spanish. At LaAmistad, friendships between students, students and staff, and also students and volunteers are cultivated every day, and their impacts can last a lifetime.

★Our Vision

For Latino students and families throughout Georgia to thrive in their educational, personal, and career pursuits working together to transform local communities.

★Our Mission

To support Latino students and their families by providing a comprehensive support system through tutoring, mentoring and resources that promotes academic, physical, and personal growth.

★Who We Are

LaAmistad is a community supported non-profit organization that works to empower Latino students and families to achieve their ultimate potential. LaAmistad provides a comprehensive programming structure that incorporates after school tutoring, parent workshops, English language courses as well as educational summer enhance programs. Founded in 2001, this award winning organization has helped 100% of students to meet or exceed the reading standards and 93% met or exceeded match standards.

★ What We Do

LaAmistad provides a volunteer-led after school program that encompasses tutoring and mentoring that work to improve the academic performance and individual educational needs of each child. Educational support is also supplemented by summer enrichment programs and opportunities that provide students with career, cultural and life experiences. LaAmistad also offers counseling and family support services to students and families.

LaAmistad deems parent education just as important as the student education. Parents must be equally committed to their student's education and must pledge to ensure their student graduates from high school. Our ongoing parent workshops provide parents with the tools and skills necessary to help their student achieve success both at home and at school. LaAmistad's 12-week English for Successful Living program arranges for the opportunity for any adults to learn English. Parents of LaAmistad are also invited to participate in civic engagement opportunities that allow them to establish support groups and a strong community network.

Lastly, LaAmistad currently partners with churches and religious institutions to provide the students with a safe environment to learn and grow. LaAmistad builds students and families of strong mind, bodies, and character.

Sobre LaAmistad

★ Nuestro Nombre

Las palabras La Amistad significan "the friendship" en Inglés. En La Amistad, amistad entre los estudiantes, los estudiantes y el personal, así como también amistad entre estudiantes y voluntarios es cultivada cada día y sus efectos pueden durar toda la vida.

★ Nuestra Visión

Para los estudiantes latinos y sus familias en toda Georgia, para prosperar en su desarrollo educativo, personal, y la búsqueda de una profesión trabajando juntos para transformar las comunidades locales.

★ Nuestra Misión

Apoyar a los estudiantes latinos y a sus familias, proporcionando un sistema de apoyo integral a través de la tutoría, mentoría y recursos que promueven el crecimiento académico, físico y personal.

★ ¿Quiénes somos?:

LaAmistad es una organización sin fines de lucro apoyada por la comunidad que trabaja para empoderar a los estudiantes latinos y a sus familias para lograr su máximo potencial. LaAmistad proporciona una estructura integral de programación que incorpora tutoría "después de la escuela", talleres para padres, cursos de Inglés, así como programas educativos de mejora en verano. Fundado en el 2001, esta galardonada organización ha ayudado al 100% de los estudiantes a cumplir o exceder los estándares estatales de lectura y a un 93% a cumplir o exceder los estándares estatales de matemáticas.

★ ¿Qué hacemos?:

LaAmistad ofrece un programa de "después de la escuela" dirigido por voluntarios que abarca tutores y mentores. Nosotros trabajamos para mejorar el rendimiento académico y las necesidades educativas individuales de cada niño/a. El apoyo educativo también se complementa con programas de enriquecimiento de verano y oportunidades que ofrecen a los estudiantes experiencias de profesión/carrera, experiencias culturales y de vida. LaAmistad también ofrece servicios de asesoramiento y apoyo a los estudiantes y a las familias de los estudiantes.

LaAmistad considera que la educación de los padres es tan importante como la educación de los estudiantes. Los padres deben estar igualmente comprometidos con la educación de sus hijos y deben comprometerse a garantizar que sus estudiantes se gradúen de la escuela secundaria. Nuestros continuos talleres para padres ofrecen las herramientas y habilidades necesarias para ayudar a sus estudiantes a lograr el éxito tanto en el hogar como en la escuela. El programa LaAmistad 12 semanas de Inglés para Triunfar en la Vida ofrece a los adultos la oportunidad aprender Inglés. Los padres de LaAmistad también están invitados a participar en oportunidades de participación cívica que les permiten establecer grupos de apoyo y una fuerte red comunitaria.

Por último, LaAmistad actualmente está asociada con iglesias e instituciones religiosas para proporcionar a los estudiantes un ambiente seguro para aprender y crecer. LaAmistad prepara estudiantes y familias para tener mentes, cuerpos, y carácter fuerte.

I. Appetizers and Dips/ Aperitivos y Salsas

Tuna Pasta

Ingredients

1 box of macaroni pasta
2 cans of tuna
1 cup of mayonnaise (as needed)
1 small onion
1 small tomato
3 to 4 pickled jalapenos
1 can of corn
Crackers of your choice (Ritz crackers)

Preparation

Dice onion, tomato, jalapeños (remove seeds), and drain can of corn. Add all to a bowl and set aside.

Cook the pasta according to package instructions and drain. Drain tuna and combine with ingredients in the bowl, add pasta and mayonnaise last to desired taste or consistency. Add salt and pepper to taste. Chill or serve at room temperature.

Pasta con Atún

Ingredientes

1 caja de macarrones
2 latas de atún
1 taza de mayonesa (o según necesite)
1 cebolla pequeña
1 tomate pequeño
De 3 a 4 chiles jalapeños en escabeche
1 lata de maíz
Galletas de su elección (galletas Ritz)

Preparación

Cortar cebolla, tomate, jalapeños (quitar las semillas), y drene la lata de maíz. Añadir todos los ingredientes en un tazón y reservar.

Cocine la pasta según las instrucciones del empaque y drene. Escurrir el atún y combinar con los demás ingredientes en el tazón, añadir la pasta y mayonesa al final para el sabor o consistencia deseada. Añadir sal y pimienta al gusto. Enfríe o sirva a temperatura ambiente.

Ceviche

Ingredients

4 tilapia fillets, cut into cubes
1 lb. of shrimp diced
5 red tomatoes, chopped
1 medium onion, chopped
4 serrano chiles, chopped
1/4 cup chopped cilantro
1 tablespoon olive oil
Dash of oregano
Salt and black pepper to taste

Preparation

Put fish and shrimp in a medium bowl. Pour lemon juice, add tomato, onion, serrano chile and stir well. Finally add cilantro, salt and pepper and mix well. Refrigerate 2-6 hours before serving.

It's good! It has shrimp, lime, cilantro and onion. You can put chile pepper in it. My dad makes it when I ask him for it. It's yummy.

Kimberly

Ceviche

Ingredientes

4 filetes de pescado tilapia, cortados en cubos
1 lb. de camarones cortados en cubos
5 tomates rojos picados
1 cebolla mediana picada
2 chiles serranos picados
1/4 taza de cilantro picado
Zumo de 2 limones
1 cda. aceite de oliva
1 pizca de orégano
Sal y pimenta negra molida al gusto

Preparación

Poner pescado y camarones en un tazón mediano. Verter el zumo de limón, agregar el tomate, la cebolla, el chile serrano y revolver bien. Finalmente agregue el cilantro, la sal y pimienta y mezcle bien. Refrigerar de 2 a 6 horas antes de servir.

Se puede servir con tostadas (tortilla chips) si prefiere.

Easy Taco Dip

Ingredients

½ pound ground beef chuck
1 cup frozen corn
½ cup chopped onion
½ cup of salsa
½ cup mild taco sauce
1 can (4 ounces) diced mild green chiles
1 can (4 ounces) sliced ripe olives, drained
1 cup (4 ounces) shredded Mexican blend cheese
Tortilla Chips
Sour Cream

Preparation

1. Cook meat in a large nonstick skillet over medium-high heat until no longer pink, stirring to separate. Drain.
2. Spoon into the Crock-Pot slow cooker, then add corn, onion, salsa, taco sauce, chiles, and olives. Stir to combine. Cover and cook on LOW for 2 to 4 hrs or on HIGH for 1 to 2 hrs.
3. Just before serving, stir in cheese. Serve with tortilla chips and sour cream.

Tip: To keep this dip hot during your entire party, simply leave it in the slow cooker in LOW or WARM setting.

My mom makes taco dip for parties. I eat it with taco chips. It can be spicy or sour. It tastes good when it is warm.

Jasmine

Fácil Salsa de Taco

Ingredientes

½ libra de carne de res molida
1 taza de maíz congelado
½ taza de cebolla picada
½ taza de salsa
½ taza de salsa de taco suave
1 lata (4 onzas) de chiles verdes suaves
1 lata (4 onzas) de rodajas de aceitunas maduras, escurridas
1 taza (4 oz) de queso rallado mezcla mexicana
chips de tortilla
Crema Agria

Preparación

1. Cocine la carne en una sartén antiadherente grande a fuego medio-alto hasta que pierda el color rosado, revolviendo para separar. Escurrir.
2. Coloque la mezcla en la olla Crock-Pot de cocción lenta y agregue el maíz, la cebolla, la salsa, salsa para tacos, chiles y las aceitunas. Revuelva para combinar. Cubra y cocine a fuego bajo de 2 a 4 horas o a fuego alto por 1 a 2 hrs.
3. Justo antes de servir, agregue el queso. Sirva con los chips tortillas y la crema agria.

Consejo: Para mantener esta salsa caliente durante toda la fiesta, simplemente dejarla en la olla de cocción lenta a temperatura BAJA o tibia.

Tuna a la Mexicana

Ingredients

2 cans of tuna
2 Roma tomatoes
A bunch of cilantro
1 quarter of an onion
The juice of ½ lime
1 can of chiles in vinegar

Preparation

Chop tomatoes, onion, cilantro, and chiles and toss well with the lime juice. Add the tuna, drained, and combine well.

You can eat this with pita chips or crackers.

.

My mom makes tuna a la Mexicana for special occasions. It's like a dip. You spread it on crackers. You can also eat it with tortillas. It tastes so good! It's served cold. I prefer it when my mom makes it.

Nashalynne

Ingredientes

2 latas de atún
2 tomates roma
Un manojo de cilantro
¼ de cebolla
El jugo de ½ limón
1 lata de chiles en vinagre

Preparación

Picar los tomates, cebolla, cilantro y chiles y mezclar con el jugo de limón. Añada el atún escurrido y combine bien.

Puede comerse con pan tostado, chips o galletas.

II. Soups & Salads/ Sopas y Ensaladas

Chicken Soup

Ingredients

1 cup of macaroni noodles or penne pasta (optional)
1 whole chicken (chicken stew) cut into pieces
5 cups of cold water
2 chicken bouillon cubes
1 diced onion
3 celery sticks (diced)
3 diced carrots
Salt to taste
Pepper to taste
¼ cup of fresh diced parsley
Cheese (optional)
Añada

My mom and dad make me chicken soup. I like to eat it on Sundays. It tastes like chicken. It's good.

Oliver

Preparation

Prepare noodles according to box directions, no salt or oil. Drain, rinse in cold water- set aside. Add chicken bouillon to water in pot, add chicken, and bring to a boil. Reduce heat to med-low, partially covered for 1 ½ hour. Add vegetables, cook until tender. Remove chicken from pot- separate skin, bones, meat. Place meat and noodles back into pot and cook until warm. Add salt and pepper to taste.

TIP: Instead of boiling the pasta separately you can add the pasta 30 min. before the soup is ready.

Sopa de Pollo

Ingredientes

1 taza de fideos macarrones o pasta penne (opcional)
1 pollo entero (estofado de pollo) cortado en trozos
5 tazas de agua fría
2 cubos de caldo de pollo
1 cebolla picada
3 tallos de apio (en cubitos)
3 zanahorias en cubitos
Sal al gusto
Pimienta al gusto
¼ de taza de perejil fresco picado
Queso (opcional)

Preparación

Prepare los fideos según las instrucciones de la caja, sin sal o aceite. Escurra, enjuague con agua fría y reserve. Añadir el caldo de pollo al agua en una olla, añadir el pollo y subir el fuego hasta que hierva. Reduzca el fuego a medio-bajo, parcialmente cubierto durante una hora y media. Añadir las verduras, cocinar hasta que estén tiernas. Retire el pollo de la olla, separe la piel, los huesos y la carne. Coloque la carne y los fideos de nuevo en la olla y cocine hasta que esté caliente. Añadir sal y pimienta al gusto.

Consejo: En vez de cocinar la pasta aparte, puede agregar la pasta cruda 30 minutos antes de completar la cocción.

Apple & Carrot Salad

Ingredients

2 bags of red apples of your choice
(peeled and cut in small squares)
1 bag of carrots (shredded)
2 lbs of pecans (diced)
24 oz of raisins
3 cans of pineapple (diced in small
cubes) drained
2 quarts of heavy cream
Sugar to taste

Preparation

Mix the heavy cream with sugar in a large bowl. Add all the ingredients to the
heavy cream and mix together well. Ready to serve!

Ensalada de Manzana y Zanahoria

Ingredientes

2 bolsas de manzanas rojas de su elección, peladas y cortadas en cubos pequeños

1 bolsa de zanahorias ralladas

2 libras de nueces pacanas (en cubitos)

24 onzas de uvas pasas

3 latas de piña (cortada en dados pequeños y escurrida)

4 libras de crema

Azúcar al gusto

Rinde 30 porciones

Preparación

Mezcle la crema con el azúcar en un tazón grande. Agregue todos los demás ingredientes a la crema y mezcle bien. ¡Listo para servir!

Nopal Salad

Ingredients

2 cups nopal cleaned and chopped (canned, optional)
1 large red tomato, chopped
1 small onion, chopped
¼ cup cilantro, chopped
2 serrano chiles (optional)
2 tbs. olive oil
2 squeezed lime juice
Dash of oregano
Salt to taste
"Queso fresco" cheese and avocado for garnish

Preparation

Boil nopales with salt until they are soft and tender, then drain using a colander. Add all of the ingredients to a mixing bowl and gently stir until well mixed. Garnish with queso fresco cheese and avocado on top. It can be served with corn tortillas or dried pork rinds.

I like salad. I like to eat it with my dinner. My mom makes it. It tastes good.

Melissa

Ingredientes

2 tazas de cactus (nopal) (de lata o frasco, opcional)
1 tomate rojo grande, picado
1 cebolla pequeña, picada
¼ taza cilantro, picado
2 chiles serranos (opcional)
2 cdas. aceite de oliva
2 limones (sumo)
Pizca de orégano
Sal al gusto
Queso fresco y aguacate para adornar

Preparación

Hervir los nopales con sal hasta que estén blandos y de textura suave, luego escurrir usando un colador. Añadir todos los ingredientes en un tazón y revuelva con cuidado hasta que estén bien mezclados. Adorne con queso fresco y aguacate por encima. Se puede acompañar con tortillas de maíz o cortezas secas de piel de cerdo (chicharrones).

Mexican Stew

Ingredients

¼ cup oil (or less)
4 chicken breasts, boneless and skin-
less
1 bottle (28 ounces) of hot sauce
2 cans (15 ounces each) black beans
1 large potato, chopped
1 cup crushed tortilla chips
6 ounces Monterey Jack, Cheddar
cheese or Colby cheese

Preparation

Preheat skillet over medium-high heat for 3 minutes. Cut chicken into one inch pieces. Pour oil in skillet and sauté until golden. The chicken may stick at first, but it will release juices and will come loose from the pan during cooking. Add hot sauce, black beans, potatoes, and tortilla chips and mix well. Reduce heat to medium, cover and cook for 30 minutes.

Remove the pan from the stove and sprinkle with cheese. Cover again and let stand for 3 minutes or until cheese is melted. Serve as a stew or with flour tortillas. If you want to vary the recipe, substitute chicken for pork or ground beef.

I like to eat Mexican Stew when it's hot but I would still eat it even if it was cold. It has a lot of vegetables in it, which I love. The broth is delicious! Mexican Stew smells really savory because of all of the ingredients mixed together. I like to eat it by itself because it is that good!

Marien

Guisado Mexicano

Ingredientes

¼ taza de aceite (o menos)

4 pechugas de pollo sin piel y sin hueso

1 frasco (28 onzas) de salsa picante

2 latas (15 onzas c/u) de frijoles negros

1 papa grande, picada

1 taza de chips de tortilla triturados

6 onzas de queso monterrey Jack, queso cheddar o queso colby

Preparación

Precalentar el sartén a temperatura media-alta por 3 minutos. Corte el pollo en trozos de una pulgada. Agregue el aceite y el pollo al sartén tape sofría hasta dorarlo. El pollo podría adherirse en un principio, pero luego soltará jugos y se despegara en la medida que se va cocinando.

Añada la salsa picante, los frijoles negros, la papa y los chips de tortilla; mezcle bien. Reduzca el fuego a temperatura media, tape el sartén y cocine por 30 minutos.

Retire el sartén de la estufa y rocíe con el queso. Tape de nuevo y deje reposar por 3 minutos o hasta que el queso se derrita. Sirva como un guisado o con tortilla de harina. Si desea variar, sustituya el pollo por carne de cerdo o carne de res molida.

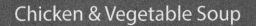

Chicken & Vegetable Soup

Ingredients

4 chicken legs
1 potato, cut into chunks
1 carrot, cut into chunks
1 squash, cut into chunks
8 green beans, cut into 4 pieces
1 clove garlic-diced
1 slice of onion-chopped
1 tender corncob, cut in 3 pieces

Preparation

Remove skin and bones. Brown slightly in oil. Add 4 cups of water and bring to a boil; add chicken, garlic and onion. Cook on med heat approximately 30 minutes. Add vegetables, bring to boil, reduce heat and simmer until vegetables are tender. Add salt and pepper to taste.

Ingredientes

4 muslos de pollo

1 papa, cortada en trozos

1 zanahoria, cortada en trozos

1 calabaza, cortada en trozos

8 ejotes, cortadas en 4 trozos

1 diente de ajo cortado en cubitos

1 trozo de cebolla picada

1 elote cortado en 3 piezas

Preparación

Retire la piel y los huesos. Sofría ligeramente en aceite. Añada 4 tazas de agua y llevar a ebullición; agregue el pollo, el ajo y la cebolla. Cocine a fuego medio aproximadamente 30 minutos. Añada las verduras, llevar a ebullición, reduzca el fuego y cocine a fuego lento hasta que las verduras estén blandas. Añadir sal y pimienta al gusto.

III. Beans/Frijoles

32

Pork Beans

Ingredients

2 lbs. of pinto beans, cooked
2 large onions, sliced
4 medium tomatoes, sliced
2 lbs. of pork sausage, chopped in small pieces
2 lbs. of cheese, chopped
1 medium can of cut jalapeños
Salt to taste.

Preparation

Blend or mash the pinto beans. Fry the onion, tomato, and sausage. Place all ingredients into a pot and bring to boil. Add the jalapeño peppers to taste, the cheese, and a little salt. Simmer for about 10 minutes stirring up constantly to prevent it from sticking. Then remove from heat and serve.

Frijoles Puercos

Ingredientes

2 lbs. de frijoles pintos cocidos
2 cebollas grandes, rebanadas
4 jitomates medianos, rebanados
2 lbs. de chorizo de cerdo, picado en trocitos
2 lbs. de queso en trocitos
1 lata mediana de jalapeños en tiras
Sal al gusto

Preparación

El frijol se machaca o se muele. Se fríe la cebolla, jitomate y chorizo. Coloque todos los ingredientes en una olla y subir el fuego hasta hervir. Agregar los jalapeños al gusto y también agregar el queso y un poco de sal. Remover constantemente para que no se pegue. Hervir a fuego lento por alrededor de 10 minutos. Retire del fuego y está listo para servir.

Ingredients

2 tbsp of cooking oil
Onions (to taste)
Black beans canned
1 tsp of salt
3 cups corn flour
1 cup regular all purpose flour
Water to mix ingredients for dough
.

Preparation

Blend or mash beans. Refry in a frying pan- Set aside. Chop onions and sauté in fry pan. Carefully add beans to onions and cook on low 5-10 minutes until dry.

Mix remaining ingredients to make dough. Separate into smaller dough balls, approximately 6-8", flatten but keep it thick enough to fill. Make an opening with a sharp knife and fill with beans. Press dough edges closely and seal the pastry.

Using a deep frying pan, heat enough oil to cover the pastries. Once oil is hot, carefully deep fry the "Gordita".

Serve with sour cream, green or red sauce.

Ingredientes

2 cucharadas de aceite de cocina
Cebolla (cantidad al gusto)
Frijoles negros cocidos
1 cucharadita de sal
3 tazas de harina de maíz
1 taza de harina para todo uso
Agua

Preparación

Licue o haga puré los frijoles. Sofría en una sartén y reserve. Picar las cebollas y saltear. Agregar con cuidado los frijoles a la cebolla y cocinar a fuego bajo 5-10 minutos hasta que se seque.

Mezcle los ingredientes restantes para hacer la masa. Separar en bolas de masa pequeñas, aproximadamente el 6-8 pulgadas, aplanar, pero mantener-las lo suficientemente gruesa como para rellenar. Hacer una abertura con un cuchillo afilado y rellenar con frijoles. Presione fuerte los bordes de la masa y sellar la pastelería.

Utilizando una sartén honda, calentar aceite suficiente para cubrir las gorditas. Una vez que el aceite esté caliente, freír con cuidado la "Gordita".

Se sirve con crema agria, verde o salsa roja.

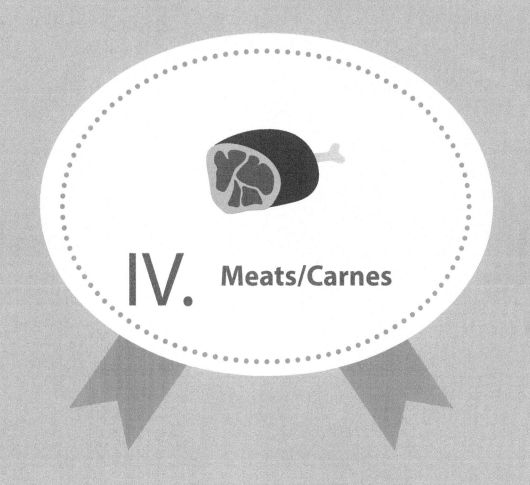

IV. Meats/Carnes

Marinated Chicken

Ingredients

4 chicken legs
1 tsp of oregano
1 tsp of white vinegar
1 tsp of cumin seeds
¼ onion
3 garlic cloves (medium size)
1 cup of cooking oil –extra virgin olive oil (optional)

Preparation

Blend all ingredients in a food processor, except chicken. Put chicken and marinade in a zip lock bag in the refrigerator for 15-45 minutes (the longer the better). Remove from bag, place in baking dish with small amount of marinade. Bake covered at 350 F about 30-45 minutes. Check to make sure it is fully cooked. Uncover and let it brown. If necessary cover for the next 15 minutes. Serve and enjoy.

My mom makes me chicken. It smells good. She makes it whenever I feel like it. It tastes yummy!

Alan

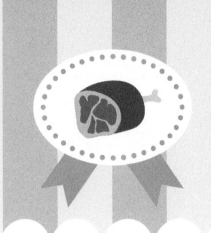

Pollo Marinado

Ingredientes

4 muslos de pollo
1 cucharadita de orégano
1 cucharadita de vinagre blanco
1 cucharadita de semillas de comino
¼ de cebolla
3 dientes de ajo (tamaño mediano)
1 taza de aceite de cocina (aceite de oliva virgen) opcional

Preparación

Mezclar todos los ingredientes en un procesador de alimentos, excepto el pollo. Poner el pollo y la marinada en una bolsa zip lock en el refrigerador durante 15-45 minutos (cuanto más tiempo mejor). Sacar el pollo de la bolsa y poner en un sartén para hornear con una pequeña cantidad de la marinada. Hornee cubierto a 350 F unos 30-45 minutos. Revise para asegurarse que esté completamente cocido. Descubrir y dejar que se dore. Si es necesario cubra por los próximos 15 minutos. Servir y a disfrutar.

Meatballs in Salsa Chipotle

Ingredients

1 lb ground pork
1 onion, diced
1 egg
1tsp of salt
1 tsp black pepper
1 small box of raisins
For the sauce:
½ lb of green tomatillos
2 tomatoes
1 small onion
4 dried chipotle chiles
½ cup of bread crumbs

Eric

Meatballs are so delicious! You can eat them with spaghetti. You can make them spicy, or not so spicy. I like to eat them cold. I like to eat them on the weekends. They are so delicious!

Preparation

Start by mixing the meat with the egg, salt, black pepper, and onions. After mixing well, take 2 tablespoons of the meat mixture and shape into meat-balls. Then insert 4 to 5 raisins inside each meat ball. After all the balls are made, have a pan with cooking oil to preheat. Stir-fry the meat balls until done.

In another pan, add a small amount of cooking oil and stir-fry green toma-toes, red tomatoes, onion, and chipotle chiles until well done. Put the mix in a blender, adding the bread crumbs last. Use a colander to separate the sauce. Then add a little bit of cooking oil to a pan, add the sauce, and let it cook for 5-10 minutes.

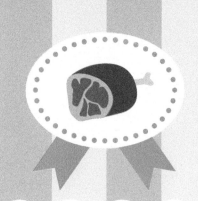

Ingredientes

1 libra carne de cerdo molida
1 cebolla, picada
1 huevo
1 cucharadita de sal
1 cucharadita de pimienta negra
1 caja pequeña de uvas pasas
Ingredientes para la salsa:
½ libra de tomatillos verdes
2 tomates maduros
1 cebolla pequeña
4 chiles chipotles secos
½ taza de pan rallado

Preparación

Comience por mezclar la carne con el huevo, sal, pimienta negra y cebolla. Después de que se mezcle bien, tome porciones pequeñas de la mezcla de carne y forme bolitas con las palmas de las manos. A continuación, coloque de 4 a 5 uvas pasas dentro de cada albóndiga. Después de hacer todas las albóndigas, ponga a calentar un recipiente con aceite de cocina y ponga a sofreir las albóndigas hasta que estén cocidas.

En otra sartén, agregar una pequeña cantidad de aceite para cocinar y freír los tomates verdes, tomates rojos, cebolla y los chiles chipotles y dejar hasta que estén bien cocidos. Ponerlos en la licuadora, añadiendo poco a poco el pan al final. Utilice un colador para separar la salsa. A continuación, agregue un poco de aceite de cocina en una sartén, agregue la salsa y deje cocer durante un par de minutos. Luego, agregue las albóndigas, tape y continúe la cocción a fuego lento durante unos 5 a 10 minutos.

Chicken Wings

Ingredients

2 lbs chicken wings
3 limes
1 bottle of wing sauce (Texas Pete or your own choice)
Vegetable oil for frying
1 bag of carrots/celery
1 bottle of ranch or blue cheese dressing (as dipping sauce)

I like to eat them when I watch TV. I like to dip them in a spicy sauce. I like to eat mine with celery. My dad brings them home for me when I ask for them.

Tania

Preparation

Clean chicken wings and pat dry with a paper napkin. Get a frying pan ready with cooking oil on low heat. Squeeze lime juice in a mixing bowl. Add chicken wings, and toss well. Slowly add chicken wings to the hot frying pan and let cook thoroughly. In a separate bowl, pour wing sauce to toss the fried chicken wings and coat them completely. Cut your carrots or celery and put them on a separate plate and serve. Enjoy!.

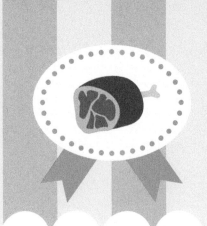

Alitas de Pollo

Ingredientes

2 libras de alitas de pollo
3 limas
1 botella de salsa para alitas (Texas Pete u otra de su elección)
Aceite vegetal para freír
1 bolsa de zanahorias o apio
1 botella de salsa ranchera o salsa de queso azul (para aderezar)

Preparación

Limpie las alitas de pollo y séquelas con una servilleta de papel. Prepare una sartén con aceite para freir a fuego lento. Exprima el jugo de lima en un tazón. Agregar las alitas de pollo y mezclar bien. Poco a poco coloque las alitas de pollo en la sartén caliente y deje freir hasta que estén bien cocidas. En un recipiente aparte, verter la salsa sobre alitas y cubrirlas por completo. Cortar las zanahorias o apio y colocar los trozos en un plato aparte y servir. ¡Disfrute!

Rice & Chicken with Red Bell Pepper

Ingredients

6 chicken legs
2 cups of rice
1 red bell pepper, sliced
1 piece Onion
3 cloves garlic
100 ml olive oil
Chives (to taste)
Knorr chicken broth
Parsley (to taste)

Preparation

Wash the chicken and cook it with garlic and onion in a skillet. Then heat the oil and fry the rice until brown. Then put the broth with the rice. Add the sliced pepper to the onion, garlic, parsley, and Knorr broth. Boil the broth until it dries. Serve accompanied by mole, beans or as desired.

Mia

It's good. My grandma makes it for me. It is yummy. I like to eat it while I watch TV. It smells good. I get chicken and rice one day of the week and I ask my grandma to make it.

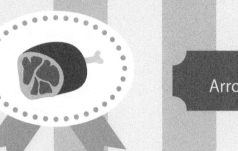

Ingredientes

6 piernas de pollo
2 tazas de arroz
1 pimiento rojo, rebanado
1 trozo de cebolla
3 dientes de ajo
100 ml de aceite de oliva
Cebollinos (al gusto)
Caldo de pollo Knorr
Perejil (al gusto)

Preparación

Se lava el pollo y se pone a cocer con ajo y cebolla en un sartén. Se calienta el aceite y se fríe el arroz hasta que dore. Se le pone el caldo de pollo al arroz. Se le agrega el pimiento rebanado a la cebolla y el ajo, perejil, y el caldo Knorr. Se deja cocer hasta que seque el caldo. Se sirve acompañado de mole, frijoles o lo que usted prefiera.

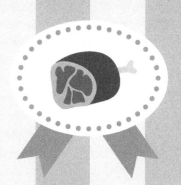

Barbeque Beef Ribs

Ingredients

2 pounds of center cut beef

5 guajillo chile peppers

5 ancho chile peppers

6 dried morita chile peppers

1 cup water

¼ cup chopped onion

Salt to taste

Seasoning (amount as desired):

Ground black pepper

Ground cumin

Ground cloves

Garlic powder

Preparation

Remove the seeds from the peppers and boil them until tender. Drain the peppers and place in a blender with the onion and one cup of water. Blend well.

Arrange the ribs in an oven-safe container and pour the sauce on top. Sprinkle the condiments all over the beef with the pinch you get with your 3 fingers each time. Cover the container with aluminum foil and place it in the oven at 350° for two hours. Rotate the container every 40 minutes. .

I like most types of meat but I like bbq beef ribs because of their shape. The juiciness is delicious! I like to eat them with mild bbq sauce. I eat them whenever I am at a restaurant. They taste like heaven!

Karien

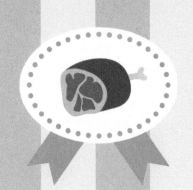

Ingredientes

2 libras de costilla de res (corte del centro)
5 chiles guajillos
1 taza de agua
5 chiles anchos
6 chiles morita secos
¼ taza de cebollada picada
Sal al gusto
Condimentos (cantidad que desee):
Pimienta negra molida
Comino molido
Clavo molido
Ajo en polvo

Preparación

Sacar las semillas a los chiles y ponerlos a hervir hasta que esten tiernos. Escurra los pimientos y viértalos en una licuadora con la cebolla y una taza de agua. Licue bien.

Coloque las costillas en un recipiente resistente al horno y licue bien. Añada los condimentos sobre toda la carne, espolvoreando con sus tres dedos. Cubra el recipiente con papel aluminio y ponga en el horno a 350° por dos horas. Rote el recipiente cada 40 minutos.

Beans & Pork

Ingredients

2 lb. dried pinto beans
2 lb. pork
1 lb. tomatoes
2 onions
2 habanero chiles
4 lemons
2 bunches of radishes
1 bunch of cilantro

Preparation

Cook the beans according to the boiled beans recipe. When almost done, add the pork cut into regular pieces. Cover and boil until well cooked. Remove the pork from the pot and put to one side in a covered pan. Boil the beans until very soft. Roast the tomatoes and one chile (use the other for the dressing) and blend to a puree. Season with salt. Roast half an onion and set aside. Prepare a relish of the remaining onion chopped together with the cilantro and the radishes. Slice the lemon and remaining habanero chile into rings.

When the beans are cooked, add the meat and roasted onion. The tomato puree may be mixed with the beans or served separately. Arrange the cilantro, onion and radish mixture on a separate plate surrounded by slices of lemon and habanero chile.

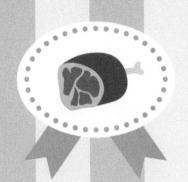

Frijoles Puercos con Carne de Cerdo

Ingredientes

2 libras de frijoles pintos secos

2 libras de cerdo

1 libra de tomates

2 cebollas

2 chiles habaneros

4 limones

2 manojos de rábanos

1 manojo de cilantro

2 hojas de epazote

Preparación

Cocer los frijoles de acuerdo con la receta de frijoles hervidos. Cuando esté casi listo, añadir el corte de carne de cerdo en trozos regulares. Cubra y deje hervir hasta que estén bien cocidos. Retire la carne de cerdo de la olla y ponga a un lado en una sartén tapada. Hervir los frijoles hasta que estén muy suaves. Ase los tomates y un chile (utilizar el otro para el aderezo) y licue hasta obtener un puré. Sazonar con sal. Ase media cebolla y reserve. Preparar un condimento con la cebolla restante picada junto con el cilantro y los rábanos. Rebanar el limón y el chile habanero restante en anillos.

Cuando los frijoles estén cocidos, agregue la carne, la cebolla asada y el epazote. El puré de tomate se puede mezclar con los frijoles o servirse por separado. Organizar la mezcla de cilantro, cebolla y rábano en un plato aparte, rodeada de rodajas de limón y chile habanero.

Mexican Steak

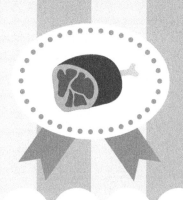

Ingredients

2 cups of white rice
2 ½ cups of water
1 tbsp of butter
¼ tbsp of salt
2 lbs of solomillo steak
1 beer,12 oz. (optional)
½ tbsp seasoning salt
3 green jalapeños
1 red onion, diced
1 green pepper, diced
1 lime
2 tomatoes, diced
1 whole cilantro, chopped

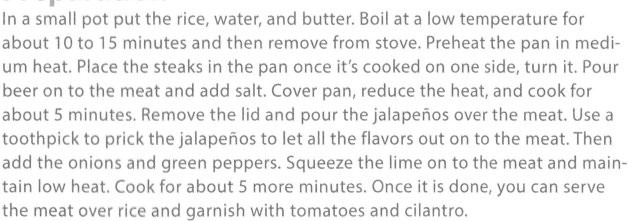

Preparation

In a small pot put the rice, water, and butter. Boil at a low temperature for about 10 to 15 minutes and then remove from stove. Preheat the pan in medium heat. Place the steaks in the pan once it's cooked on one side, turn it. Pour beer on to the meat and add salt. Cover pan, reduce the heat, and cook for about 5 minutes. Remove the lid and pour the jalapeños over the meat. Use a toothpick to prick the jalapeños to let all the flavors out on to the meat. Then add the onions and green peppers. Squeeze the lime on to the meat and maintain low heat. Cook for about 5 more minutes. Once it is done, you can serve the meat over rice and garnish with tomatoes and cilantro.

My mom makes mexican steak for special occasions. She makes it for Christmas. It smells spicy and delicious. It is cut into strips. I eat it plain without sauce. It's one of my favorite meals.

Daniel

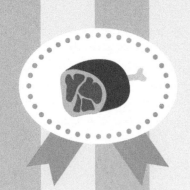

Bistec Mexicano

Ingredientes

2 tazas de arroz blanco
2 ½ tazas de agua
1 cucharada de mantequilla
¼ de cucharadita de sal
2 libras de bistec de solomillo
1 cerveza, 12 oz (opcional)
½ cucharada de sal condimentada
3 jalapeños verde
1 cebolla roja cortada en cubos
1 pimiento verde picado
1 limón
2 tomates en cubos
1 ramillete de cilantro picado

Preparación

En una olla pequeña colocar el arroz, el agua y la mantequilla. Hervir a baja temperatura durante 10 a 15 minutos y luego retirar del fuego. Precaliente la sartén a fuego medio. Coloque la carne de bistec en la sartén y voltee cuando este cocida de un lado. Vierta la cerveza sobre la carne y añada la sal. Cubra la cacerola, reduzca el fuego y cocine por unos 5 minutos. Retire la tapa y vierta los jalapeños sobre la carne. Utilice un palillo para pinchar los jalapeños para que sus sabores impregnen la carne. A continuación, agregue las cebollas y los pimientos verdes. Exprima el limón a la carne y mantenga el fuego bajo. Cocine durante unos 5 minutos más. Una vez cocido, puede servir la carne sobre el arroz y decorar con los tomates y el cilantro.

Ranchero Beef Steak

Ingredients

2 pounds of beef steak
2 garlic cloves, minced
5 tomatoes, coarsely chopped
1 large onion, chopped
2 large unpeeled potatoes, sliced
¼ cup of beef bouillon
¼ teaspoon salt
¼ teaspoon ground pepper

Karen

It is juicy! I like to eat ranchero beef steak while listening to music at the dinner table. My mom makes it for me. It smells like a cookout. It tastes like I am in wonderland because it is so good! I like ranchero beef steak because it reminds me of where I am from. It makes me feel like I am in the country where I am from. It makes me feel very special.

Preparation

Preheat skillet over medium heat. Cut the steak into 3-inch strips. Place the steak on the skillet, turning them frequently. Cook until brown on both sides, turning frequently. The steak will stick at first but will loosen as it browns. Stir in the garlic. Cook for 5 minutes, stirring frequently. Add the tomatoes, onion, potatoes, bouillon, salt, and pepper and mix well. Cook over medium heat. Simmer for 12 to 15 minutes or until the potatoes are tender.

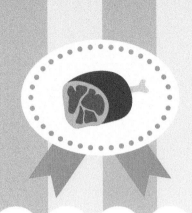

Bistec Ranchero

Ingredientes

2 libras de filete de res
2 dientes de ajo picados
5 tomates picados en trozos grandes
1 cebolla grande picada
2 patatas grandes sin pelar, en rodajas
¼ de taza de caldo de carne
¼ de cucharadita de sal
¼ de cucharadita de pimienta molida

Preparación

Precaliente el sartén a fuego medio. Corte la carne en tiras de 3 pulgadas. Ponga la carne en la sartén. Cocine hasta que esté dorada por ambos lados, dándoles vuelta frecuentemente. La carne se pegará al principio, pero se aflojará a medida que se dora. Agregue el ajo y mezcle. Cocine durante 5 minutos, revolviendo con frecuencia. Añada los tomates, la cebolla, las papas, el caldo, sal y pimienta y mezcle bien. Cocine a fuego medio. Deje hervir durante 12 a 15 minutos o hasta que las papas estén tiernas.

Beef in Acuyo Leaves

Ingredients

2 lbs. ground beef
12 Acuyo leaves (hoja santa)
2 tender corns on the cob
1 lb. of masa (Mazeca)
Salt – optional for taste

Preparation

Cook meat thoroughly. When it's tender, add rounds of corn. Blend the Acuyo leaves with green chiles, garlic, onion, and a little bit of water. After mixing the dough with salt, water and oil, start making the Mazeca balls. Once you have made all the balls, make a small hole in the middle. Add them to the meat and let it boil until they are completely cooked.

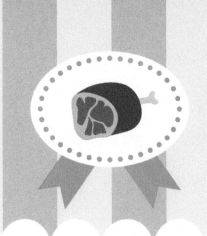

Carne en Acuyo

Ingredientes

2 libras de carne molida de res
12 hojas de Acuyo (hoja santa)
2 mazorcas de maíz tierno
1 libra de masa (Mazeca)
Sal -opcional, al gusto

Preparación

Cocine bien la carne. Cuando esté tierna, añadir rodajas de maíz. Mezclar las hojas de acuyo con los chiles verdes, el ajo, la cebolla y un poco de agua. Después de mezclar la masa con sal, agua y aceite, comience a hacer las bolas de Maseca. Una vez que haya hecho todas las bolas, haga un pequeño agujero en el centro de cada una. Añadirlos a la carne y dejar hervir hasta que estén completamente cocidos.

Chicken Casserole

Ingredients

3 lbs cooked chicken
2 ½ cups sliced celery
¼ cup grated onion
3 tsp salt
1 tsp pepper
1 can water chestnuts, sliced
6-8 cups cooked rice, long grain &
wild rice (2 boxes)
¼ cup lemon juice
2 cups of Mayo
1 ½ cups mild cheddar cheese

Preparation

Mix all the ingredients together and bake at 350 in a 9x13-inch casserole for 20-25 min or until thoroughly heated and cheese melted.

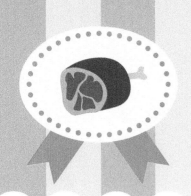

Cazuela de Pollo

Ingredientes

3 libras de pollo cocido
2 ½ tazas de apio picado
¼ de taza de cebolla rallada
3 cucharadita de sal
1 cucharadita de pimienta
1 lata de castañas de agua, rebanadas
6-8 tazas de arroz cocido, de grano largo y arroz salvaje (2 cajas)
¼ de taza de jugo de limón
2 tazas de Mayo
1 ½ tazas de queso Cheddar suave

Preparación

Mezclar todos los ingredientes y hornear a 350 en un recipiente resistente al horno de 9x13 pulgadas de 20-25 minutos o hasta que esté bien caliente y el queso fundido.

Charro Beans

Ingredients

2 lb. pinto beans
½ lb. pork sausage (chorizo)
½ lb. bacon
½ lb. pork
4 tomatoes
1 onion
2 cloves garlic
6 green chiles

Preparation

Cook the beans as indicated on boiled beans package. Roast the tomatoes, peel and puree. Chop the garlic and onion and saute. Once the beans cooked, add the bacon, chorizo, and pork. After the meat is done, add the fried onions and garlic. Cook for 10 minutes more.

*Can also use canned beans (drained).

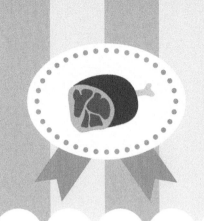

Frijoles Charros

Ingredientes

2 libras de frijoles pintos
½ libra de chorizo
½ libra de tocino
½ libra de carne de cerdo
4 tomates
1 cebolla
2 dientes de ajo
1 rama de epazote
6 chiles verdes

Preparación

Cocine los frijoles como se indica en la receta de frijoles cocidos. Asar los tomates, pelarlos y hacerlos puré. Picar el ajo y la cebolla y sofreír. Cuando los frijoles estén casi cocidos, agregue el tocino, el chorizo y el cerdo. Cuando la carne esté cocida, añadir la cebolla y el ajo sofrito. Cocine por 10 minutos más.

*Puede usar frijoles enlatados (escurridos).

Ingredients

1 lb of pork rinds
6 green chiles
5 medium green tomatoes
1 onion, sliced
2 garlic cloves
1 tsp salt or to taste

Preparation

Add green chiles, tomatoes, sliced onion, garlic and salt to the blender and blend for a few seconds. Preheat a pan with cooking oil on medium heat; once it is hot enough add the blended ingredients and let it boil for 3 minutes. Add the pork rinds in small pieces and let them boil for about 3-5 minutes. Add salt, if necessary. After it boils, remove from heat and serve.

Can be served with refried beans and Spanish rice.

Ingredientes

1 libra de carne de cerdo para
  chicharrón
6 chiles verdes
5 tomates verde medianos
1 cebolla rebanada
2 dientes de ajo
1 cucharadita de sal o al gusto

Preparación

Ponga los chiles verdes, tomates, cebolla rebanada, ajo y sal en la licuadora y licue durante unos segundos. Precaliente una sartén con aceite de cocina a fuego medio y una vez que esté caliente, agregue los ingredientes licuados y deje hervir por 3 minutos. Añada los chicharrones de cerdo en trozos pequeños y deje que hierva de 3 a 5 minutos. Rectifique la sal y después de que hierva, retire del fuego.

Se puede servir con frijoles refritos y arroz español.

Pork Ribs in Tomatillo Sauce

Ingredients

6 pork ribs
¼ cup onion
4 tomatillos
3 jalapeño peppers
1 garlic clove
1 slice of onion

Preparation

Fry the ribs. Boil the tomatillos with the chiles until tender. Drain the water and put them in a blender with the garlic and onion. Blend into a sauce and add it to the meat. Place in a saucepan, cover and simmer for 30 minutes or until ribs are tender.

Ingredientes

6 costillas de cerdo
4 tomatillos
3 jalapeños
1 diento ajo
¼ taza de cebolla

Preparación

Fría las costillas. Hierva los tomatillos y los chiles hasta que estén blandos. Drene el agua y eche en la licuadora con el ajo y la cebolla. Licue hasta obtener consistencia de salsa y agregue a la carne. Coloque en una cacerola, cubra y cocine a fuego lento durante 30 minutos o hasta que las costillas estén tiernas.

Green Enchiladas

Ingredients

3 chicken breasts
8 green tomatillos
1 red tomato
2 green jalapeños
1 pack of corn tortillas
2 garlic cloves
½ tsp salt
½ tsp black pepper
½ tsp cumin seeds
½ tsp oregano
Cooking oil

Litzy

My mom makes them for Christmas. Sometimes we eat them for fun. They have chicken on the inside. They are gooey and warm. I eat them at the table while we are watching TV. My mom puts some cream, cheese, and tomato on the top. They can be kind of spicy. They are my favorite!

Preparation

Put chicken breasts in a pot, cover with water and let boil for about 25 minutes, or until juices run clear. Drain, cool, and shred. Add a pinch of salt or to taste and simmer until cooked. In another pot with water, put all the green tomatillos, red tomato, and jalapeños and let it boil. Then, place them in the blender with garlic, black pepper, salt, cumin seeds and oregano, and mix them all together and set aside. Have a pan with hot cooking oil and get ready to fry a corn tortilla for a few seconds, turn it over and do the same on the other side. Place it on a flat plate. Add the shredded chicken and blended sauce, and roll. Follow the same procedure for the rest of the tortillas. Use the remaining green sauce to dip your rolled enchiladas or you can pour it on top of them.

You can serve with sour cream, diced lettuce and tomatoes on top, and with Spanish rice as a side dish.

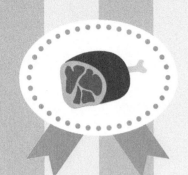

Ingredientes

3 pechugas de pollo
8 tomatillos verdes
1 tomate rojo
2 chiles jalapeños verdes
1 paquete de tortillas de maíz
2 dientes de ajo
½ cucharadita de sal
½ cucharadita de pimienta negra
½ cucharadita de semillas de comino
½ cucharadita de orégano
Aceite de cocina

Preparación

Coloque las pechugas de pollo en una olla con agua y deje hervir.   Añada sal al gusto al agua. Dejar hasta que la carne esté cocida. En otra olla con agua, poner a hervir todos los tomatillos verdes, tomate rojo y los jalapeños. Una vez que esto se reduce, ponerlos a licuar con el ajo, pimienta negra, sal, semillas de comino y el orégano. Cuando el pollo se enfrie, desmenuce en trozos pequeños para el relleno. Tenga lista una sartén con aceite de cocina caliente y fría las tortillas por ambos lados durante unos segundos. Coloque la tortilla sobre una superficie plana. Agregue el pollo desmenuzado y la salsa licuada, luego enrolle la enchilada. Siga el mismo procedimiento con el resto de las tortillas. Utilice la salsa verde restante para sumergir las enchiladas o vierta por encima de todas las enchiladas.

Pueden servirse cubiertas con crema agria o con una cubierta de lechuga y tomates picados y también con arroz a la española como guarnición.

Mexican 'Shrimp Fajitas'

Ingredients

2 lbs shrimp
2 green bell peppers
1 large onion
2 medium tomatoes
1 tbsp of cooking oil
¼ tbsp black ground pepper
¼ tbsp garlic powder
Salt to taste
1 package of soft tortillas

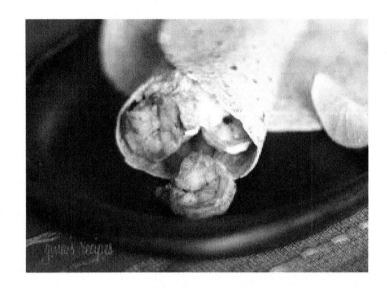

Preparation

Sauté the shrimp in a pan on the stovetop. Then add the green peppers and let cook thoroughly. Add onions and cook well. Then add the black pepper and garlic powder. Stir together and add the tomatoes and salt. Let it cook for about 2 to 3 minutes at low heat and it will be ready to serve on top of tortillas.

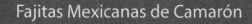

Fajitas Mexicanas de Camarón

Ingredientes

2 libras de camarón
2 pimientos verdes
1 cebolla grande
2 tomates medianos
1 cucharada de aceite de cocina
¼ cucharadita de pimienta negra molida
¼ cucharadita de ajo en polvo
Sal al gusto
Tortillas

Preparación

Saltee los camarones en una sartén en la estufa. A continuación, añada los pimientos verdes y deje cocinar bien. Agregue la cebolla y deje cocer. Luego, añada la pimienta negra y el ajo en polvo. Mezcle bien y agregue los tomates y la sal. Deje cocer durante unos 2 o 3 minutos a fuego lento y estará listo para servir en las tortillas.

Chicken Mixiotes

Ingredients

1 chicken
10 pieces of cactus
3 potatoes
10 huajillo peppers
1 diced onion
2 cloves of garlic
3 black peppercorns
A pinch of cumin
Salt to taste

Preparation

Cut the chicken into pieces. Peel and cut the cactus into small slices. Boil in water with a pinch of salt until they are soft. Remove from the heat and drain. Peel potatoes and cut into small pieces. Blend the huajillo peppers with the onion, garlic, pepper, cumin and a little salt. Cook the potatoes and the chicken in that sauce for about two hours.

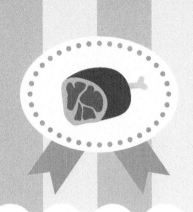

Mixiotes de Pollo

Ingredientes

1 pollo
10 pzas. de nopal
3 papas
10 chiles guajillo
1 cebolla cortada
2 dientes de ajo
3 granos de pimienta negra
Una pizca de comino
Sal al gusto

Preparación

Cortar el pollo en piezas. Pelar los nopales y se cortan en trozos pequeños, se ponen a hervir en agua con un poco de sal hasta que estén blandos, se retiran del fuego y se escurren. Se pelan las papas y se cortan en trozos chicos.

Licue el chile guajillo con la cebolla, el ajo, pimienta, comino y un poco de sal. Cocine las papas con el pollo y la salsa de guajillo por aproximadamente dos horas.

Mexican Tamales

Ingredients

3 lbs boneless pork shoulder
2 cups chicken broth

3 tsp chopped jalapeños
3 tsp chopped garlic
1 cup chopped onion

Ingredients for the sauce:
1 pound chopped tomatillos
¼ cup chopped seedless chile
1 tsp cumin
½ cup chicken broth
2 tsp garlic salt and black pepper to taste

Ingredients for the dough (masa)
4 cups low sodium pork broth
12 cups corn flour for tamales
3 cups vegetable shortening
1 ½ tsp baking soda
Salt to taste
½ lb corn husks for tamales, soaked in water

I like the chicken on the inside. My mom fixes them for me. I like eating them while reading. I can smell them throughout the whole house. It tastes spicy and yummy. We eat the tamales when I ask my mom to make them for me and my family.

Yulianna

Preparation: **For the meat:** In a 6 liter pot, cook the meat and all the ingredients with 3 liters of water for 45 minutes or until the meat is tender.

For the sauce: Put the tomatillos and guajillo chiles to boil for 20 minutes. Then, blend with the rest of the ingredients for the sauce. Preheat a skillet and cook the sauce. Let simmer for 15 minutes.

For the dough: Mix the pork broth and the pork broth. In a 5-quart mixing bowl, combine the cornmeal, shortening, baking soda and salt. Slowly add the broth mixture until the dough acquires a humid and compact consistency. Knead for about 10 minutes. Cover with a damp cloth and let sit for 20 minutes.

Final preparation: Take a piece of corn husk and place a small amount of dough in the center, using a spoon. Spread the dough to get a layer about 0,5 cms thick, leaving the edges and lower side of the husk free for folding the tamal. Pour 2 tablespoons of the meat sauce in the center and bring husk edges together, making sure the filling is completely covered with dough (dough will help to seal the corn husk). Use another husk to fold, if necessary. Then fold the bottom of the husk up (better if you tie a string around to hold in place) and leave the top end open. Proceed in the same way to make all tamales. In a 30 quart pot place a stainless steel grill and pour 2 quarts of water. Place tamales vertically, creating a first layer. Then finish filling the pot with the rest of tamales on top of this layer. Cover the pot and cook on high for 30 minutes, then lower temperature and leave simmering for 40 minutes more. Serve with your favorite sauce.

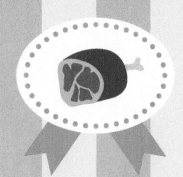

Tamales Mexicanos

Ingredientes

3 libras de espaldilla de cerdo deshuesada
3 cdtas de chiles jalapeños, picados

3 cdtas de ajo picado
1 taza de cebolla picada

Ingredientes para la salsa:
1 libra de tomatillos cortados
¼ de taza de chile guajillo sin semilla y picados
4 taza de caldo de pollo
1 cdta de comino
2 cdtas de sal de ajo
Pimienta negra al gusto

Ingredientes para la masa:
2 tazas de caldo de la carne de cerdo, colado

4 tazas de caldo de pollo
12 tazas de harina de maíz para tamales
3 tazas de manteca vegetal
1 ½ cdtas de bicarbonato de sodio
Sal al gusto
½ libra de hojas de maíz para tamales remojadas en agua

Preparación:

Para la carne: Cocine la carne y el resto de los ingredientes en 3 litros de agua por 45 minutos o hasta que la carne esté bien cocida.

Para la salsa: Ponga los tomatillos y los chiles guajillos a hervir por 20 minutos. Después los licua con todos los ingredientes para la salsa. Precaliente un sartén y sofría esta salsa. Déjela hervir a fuego lento por 15 minutos.

Para la masa: Mezcle las 4 tazas de caldo de pollo con el caldo de la carne de cerdo. En un tazón de 5 cuartos, combine la harina de maíz, la manteca vegetal, el bicarbonato de sodio y la sal . Lentamente vierta la mezcla de caldos hasta que la masa adquiera una consistencia húmeda y compacta. Amásela durante unos 10 minutos tápela con un paño húmedo y déjela reposar por 20 minutos.

Preparación final: Tome una hoja de maíz previamente remojada y con la ayuda de una cuchara, disperse una capa delgada de masa, aprox. 0,5 cms, sobre la parte mas ancha de la hoja, dejando libre los bordes y el extremo inferior de la hoja para despues envolver. Coloque en el centro de la masa 2 cucharadas de salsa de carne. Una los extremos laterales de la hoja para cubrir el relleno completamente (la masa le ayudara a sellar la hoja de maíz). Luego doble el extremo inferior de la hoja hacia arriba, ate con una cuerda y deje el otro extremo abierto. En una olla de 30 cuartos, coloque una parrilla de acero inoxidable y vierta 2 cuartos de agua. Coloque verticalmente la primera fila de tamales. Y sobre estos termine de llenar la olla con el resto de tamales. Tape y cocine a temperatura alta por 30 minutos y después baje la temperatura y deje coser por 40 minutos más. Sírvalos con su salsa favorita.

Tinga

Ingredients

1 large cabbage, sliced
1 chicken breast, boiled and shredded
12 red tomatoes -puree, blended with cloves, black pepper, and thyme
½ cup of oil
2 garlic cloves
2 black peppercorns
1 pinch of thyme
1 bag of tostadas
1 container of Mexican cream.

It has chicken. It's juicy. My aunt makes it a lot. It's flat on a tostada with cut up chicken. It has lettuce, cheese, sour cream, and tomatoes. The smell makes me hungry. I sometimes eat them while I am watching TV.

Yessenia

Preparation

In one hot pan with oil, add the cabbage. Cook until soft, then add the shredded chicken and mix together for about 20 minutes. Next, add the salt to taste and tomato puree. Let it boil for approximately 10 minutes, until all the ingredients blend together with flavor.

Serve on top of tostadas with Mexican crema.

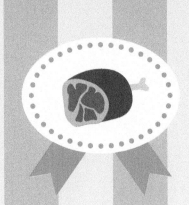

Tinga

Ingredientes

1 repollo grande en rodajas
1 pechuga de pollo cocida y des-
menuzada
12 tomates rojos en puré, mezclado
con clavo de olor, pimienta negra y
tomillo
½ taza de aceite
2 dientes de ajo
2 granos de pimienta negra
1 pizca de tomillo
1 bolsa de tostadas
1 envase de crema mexicana

Preparación

En una sartén caliente con aceite, vierta el repollo. Cocine hasta que esté suave, luego agregue el pollo desmenuzado y mezcle durante unos 20 minutos. A continuación agregue la sal al gusto y el puré de tomate. Se deja hervir durante unos 10 minutos hasta que todos los ingredientes mezclen su sabor.

Servir sobre tostadas con crema mexicana.

V. Sides-Veggies/ Acompañamientos-Verduras

Cheese Stuffed Zucchini

Ingredients

10 young, medium zucchini
7 oz. of shredded cheese
1 piece of white bread (your choice)
½ cup milk
½ stick butter
½ onion (or 4 tbsp.)
Extra shredded cheese (to sprinkle on top)
Salt and pepper (as needed)

Preparation

Chop the onion finely and stir-fry gently. Cook the zucchini in boiling water for 5 minutes. Remove and cut off the top. Scoop out the flesh and mix it with the bread soaked in the milk, half of the melted butter, and half of the shreded cheese. Stuff the zucchini with this filling, add a layer of the stir-fried onion, then sprinkle with extra shredded cheese on top of each zucchini and dot with butter.

Arrange the zucchini in a buttered oven safe dish and bake in the oven till fully cooked.

Ingredientes

10 calabacines medianos y tiernos
7 oz de queso rallado
1 pieza de pan blanco (tu elección)
½ taza de leche
½ barra de mantequilla
½ cebolla (o 4 cdas.)
Sal y pimienta (al gusto)

Preparación

Corte la cebolla finamente y sofría. Cocine los calabacines en agua hirviendo durante 5 minutos. Retírelos y córteles la parte superior. Extraiga la pulpa y mézclela con el pan remojado en la leche, la mitad de la mantequilla derretida y la mitad del queso rallado. Rellene los calabacines con esta mezcla, agregue una capa del sofrito de cebolla y finalice espolvoreando cada uno de los calabacines con el queso rallado extra y varios puntos de mantequilla.

Coloque los calabacines rellenos en un plato resistente al calor previamente enmantequillado y hornee hasta que se cocinen completamente.

Chiles in Walnut Sauce

Ingredients

12 poblano chiles
6 eggs
2 cups all-purpose flour
Aromatic herbs
Salt to taste

Preparation

For the Filling:
1 lb. Pork Loin
4 tomatoes
1 onion, diced
4 garlic cloves, minced
1 cup blanched almonds
1 green plantain, peeled and chopped
2 pears, peeled and chopped
2 apples, peeled and chopped
½ cup raisins
1 teaspoon sugar

2 tbs vegetable oil for frying
Salt and pepper to taste

For the Sauce:
2 cups walnuts, shelled and peeled
3 cups heavy cream
4 Pomegranates, shelled
Sugar to taste

Cook pork in salted water until tender and let it cool, pull meat into small crumbles. Roast the tomatoes, peel them and blend them with the onion and garlic. Cook this sauce in little over medium heat until it thickens. Add the almonds, fruit, and sugar and cook for 4 to 5 minutes. Add the pork, season with salt and pepper and cook for a few more minutes. Cook chiles in a pot of boiling water with salt and herbs until tender. Drain, dry and remove the veins. Stuff chiles with the pork mixture, without overfilling. Beat egg whites until stiff and add the yolks, one by one. Coat the chiles in flour and then in the eggs and fry them in hot oil. Drain on paper towels to remove the excess of oil and place on platter.

For the Sauce, blend the walnuts with the heavy cream and add sugar to taste; then pour this sauce over the stuffed peppers, sprinkle with pomegranate and serve.

Chiles en Nogada

Ingredientes

12 chiles poblanos
6 huevos
2 tazas de harina de trigo para todo uso

Hierbas aromáticas
Sal al gusto

Para el Relleno:
1 lb. de Lomo de cerdo
4 Tomates
1 cebolla, cortada en cubos
4 Dientes de ajo picados
1 taza de almendras peladas
1 plátano verde pelado y picado
2 peras peladas y picadas

2 manzanas peladas y picadas
½ taza de uvas pasas
1 cucharadita de azúcar
2 cucharadas de aceite vegetal
Sal y pimienta al gusto

Para la Nogada:
2 Tazas de nueces, sin cascara y peladas
3 Tazas de crema de leche
4 Granadas, desgranadas
Azúcar al gusto

Preparación

Cocinar la carne de cerdo en agua con sal hasta que esté tierna y dejar enfriar, desmenuzar hasta hacer un picadillo. Asar los tomates, pelarlos y licuarlos junto con la cebolla y los ajos. Cocinar esta salsa en poco aceite hasta que espese. Incorporar las almendras, las frutas y el azúcar y dejar a fuego medio por 4 o 5 minutos más. Añadir el picadillo de cerdo, sazonar con sal y pimienta y cocinar todo junto por unos minutos más. Hervir los chiles poblanos en agua con sal y hierbas aromáticas durante unos minutos hasta que estén tiernos. Escurrir, secar y desvenar.

Rellenar los chiles con la preparación de cerdo, sin llenarlos demasiado. Batir las claras de huevo a punto de turrón e incorporar las yemas, de una en una. Pasar los chiles por la harina y luego por los huevos y freír en aceite caliente. Colocar sobre papel absorbente para eliminar el exceso de aceite y poner en un platón.

Para la Nogada, licuar las nueces junto con la crema de leche y añadir azúcar al gusto; luego, vertir esta Nogada por encima de los chiles rellenos, salpicar por encima con las granadas y servir.

Mexican Fried Beans

Ingredients

2 pounds of pinto beans
2 big sliced onions
4 medium tomatoes, sliced
2 pounds of chopped cheese
2 pounds of chopped pork sausage
1 can of jalapenos cut medium sized
Salt to the taste

Preparation

Blend or mash the beans. Fry the onions, tomatoes, and sausage. Place these ingredients in another pan with light flame until the mixture starts boiling. Afterwards, add the jalapenos, as many as you like, and also add the cheese and some salt. All the ingredients should be together at this point. Stir with a spoon so that the ingredients on the bottom don't burn. You may let it cook for 15-30 minutes.

After it's done, you may serve it with any kind of meat.

Ingredientes

2 libras de frijoles pintos
2 cebollas grandes en rodajas
4 tomates medianos en rodajas
2 libras de queso picado
2 libras de salchicha de cerdo picada
1 lata de chiles jalapeños cortados
en trozos medianos
Sal al gusto

Preparación

Hervir los frijoles hasta que estén blandos y licuarlos o convertirlos en un puré. Freír la cebolla, el tomate y las salchichas. Coloque estos ingredientes en otra cacerola sobre llama ligera hasta que la mezcla empiece a hervir. A continuación, agregue los chiles jalapeños, tantos como usted desee, y también el queso y un poco de sal. Todos los ingredientes deben estar juntos en este punto. Remover con una cuchara para que los ingredientes en el fondo no se quemen. Puede dejar cocer durante 15-30 minutos.

Después de que esté listo, puede servir con cualquier tipo de carne.

Yucatan Green Bean Chul

Ingredients

2 lb. green beans
3 young ears of corn
7 oz. ground pumpkin seeds
1 sprig epazote (mexican tea)
½ cup oil

Preparation

Boil the corn cobs, remove the kernals and pour in a blender with litte water. Blend well. Using a colander strain to remove the shells. The puree should be thick and dough-like. Remove the beans from their pods and cook in salted water with the epazote.

Once the beans are cooked and half the water evaporates, add the corn puree and two tablespoons of oil. Stir continuously to prevent lumps forming. Boil until thick. Serve in bowls with the ground pumpkin seeds sprinkled on top.

Ingredientes

2 lb. de judías verdes
3 mazorcas de maíz tierno
7 oz semillas de calabaza molidas
1 ramita de epazote
½ taza de aceite

Preparación

Cocer las mazorcas de maíz en agua hirviendo, desgranar y licuar los granos con un poquito de agua. Usando un colador, pase la mezcla para remover las conchas. El puré debe ser espeso y con consistencia de masa. Extraiga las semillas de judias verdes de sus vainas y cocine en agua con sal, junto con el epazote.

Una vez que los frijoles estén cocidos y la mitad del agua se haya evaporado, añadir el puré de maíz y dos cucharadas de aceite. Revuelva continuamente para evitar que se formen grumos. Hervir hasta que espese. Servir en platos hondos con las semillas de calabaza molida por encima.

Oaxaca Style Mushrooms

Ingredients

2 lb. mushrooms
1 onion chopped
2 tablespoons of olive oil
2 medium tomatoes
8 garlic cloves
2 ancho chiles
4 cumin seeds
1 leaf hierba santa
1 piece of white bread
½ cup chicken broth
½ lemon
Salt and pepper (to taste)

Preparation

Wash the mushrooms thoroughly and soak for ten minutes in water with twelve drops of lemon juice; then drain. Roast the ancho chiles and remove the seeds. Roast and peel the tomatoes. Toast or fry the piece of bread and soak in the chicken broth. Blend the onion, tomatoes, four garlic cloves, cumin, mint, and bread to form a sauce.

Heat the oil in a pan and add the mushrooms and the remaining garlic cloves. Add hot water to make them easier to cook thoroughly. Remove the garlic. In a separate pan, fry the sauce and season with salt and pepper, then add the mushrooms. Cover and cook over a low heat for half an hour.

Ingredientes

2 libras de hongos
1 cebolla picada
2 cucharadas de aceite de oliva
2 tomates medianos
8 dientes de ajo
2 chiles anchos
4 semillas de comino
1 hoja de hierba santa (menta)
1 pieza de pan blanco
½ taza de caldo de pollo
½ limón
Sal y pimienta (al gusto)

Preparación

Lavar los hongos bien y sumerja durante diez minutos en agua con doce gotas de jugo de limón; escurrir. Asar los chiles ancho y retirar las semillas. Asar y pelar los tomates. Tostar o freír la pieza de pan despues de rebanarlo y sumergir en el caldo de pollo. Licuar con la cebolla, los tomates, cuatro dientes de ajo, el comino, la menta y el pan para formar una salsa.

Calentar el aceite en una sartén y freir los hongos con los dientes de ajo restantes. Añadir agua caliente para que sean más fáciles de cocer bien. Retire el ajo. En una sartén aparte, cocine la salsa, sazone con sal y pimienta y agregue los hongos. Tape y cocine a fuego lento durante media hora.

Parsley Potatoes

Ingredients

1 ½ lbs. of red small potatoes
1 tbsp. of vegetable oil
1 onion (medium) diced
1 clove of garlic (diced)
1 cup of chicken stock
1 cup of celery (diced)
½ tbsp. of black pepper
1 tbsp. of parsley

Preparation

Peel some skin off around the potatoes, once all of them are somewhat peeled put them in a bowl with cold water.

Preheat a pan in low heat with cooking oil add diced onion and garlic for about 5 minutes or until done, add chicken stock and ¾ of the diced celery, mix together and let it boil.

Add the potatoes, let them boil, cover and lower heat for about 10 minutes until potatoes are soft.

Add black pepper and add remaining celery. Let it cook for another 10 to 15 minutes until done.

Garnish with parsley.

Papas al Perejil

Ingredientes

1 ½ libras de papas rojas pequeñas
1 cucharada de aceite vegetal
1 cebolla (mediana) en cubitos
1 diente de ajo (picado)
1 taza de caldo de pollo
1 taza de apio (en cubitos)
½ cucharada de pimienta negra
1 cucharada de perejil

Preparación

Pelar un poco de piel de alrededor de las papas, una vez que todas estén un poco peladas ponerlas en un bol con agua fría.

Precalentar una sartén a fuego lento con aceite de cocina agregue la cebolla picada y el ajo durante unos 5 minutos o hasta que esté cocido, añadir el caldo de pollo y ¾ del apio cortado en cubitos, mezclar y dejar hervir.

Agregue las papas, deje hervir, tapar y bajar el fuego durante unos 10 minutos hasta que las papas estén blandas.

Agregue la pimienta negra y añada el apio restante. Dejar cocer durante otros 10 a 15 minutos hasta que esté listo.

Adorne con el perejil.

Mashed Potatoes

Ingredients

1 lb. potatoes
½ cup Breakstone's sour cream
Fresh OLE Cheese
½ stick of butter
1 cup of milk
Salt to taste

Preparation

Boil potatoes; when they are ready, peel them. Mash the potatoes. Then mix all the ingredients. You can eat it with meat of your choice.

Puré de Papas

Ingredientes

1 libra de papa
½ taza de crema agria Breakstone
Queso fresco OLE
½ barra de mantequilla
1 taza de leche
Sal al gusto

Preparación

Hervir las papas; cuando estén listas, pelarlas y triturarlas. Finalmente, mezcle todos los ingredientes y sirva. Se puede acompañar con la carne de su elección.

Slices of Pablano Chile

Ingredients

25 Poblano chiles, previously grilled, peeled, and sliced in long slices
1 large fresh cheese, sliced in small pieces
2 lbs of Mexican cream
3 large onions, sliced
2 Epazote leaves, diced (Mexican tea)
3 sp of cooking oil
1 tsp of salt or to taste

Preparation

Have a pan heating up with the oil and grill the onions for a few minutes; then add the slices of chiles, cheese, and Epazote. Let cook for about 8 minutes. Add the Mexican cream and salt to taste. Let it boil for approximately 5 minutes. Cover for 2 minutes and turn off the heat.

Great if served with rice and beans.

Ingredientes

25 chiles poblanos previamente asados, pelados y cortados en rebanadas largas
1 queso fresco grande cortado en trozos pequeños
2 libras de crema mexicana
3 cebollas grandes cortadas en rodajas
2 ramas de epazote picadas en cubos
3 cucharadas de aceite de cocina
1 cucharadita de sal (o al gusto)

Preparación

Ponga a calentar una sartén con el aceite y cocine la cebolla durante unos minutos. Luego agregue las rodajas de chile, el queso y el epazote y continúe la cocción durante unos 8 minutos. Agregue la crema mexicana y sal al gusto. Deje hervir durante 5 minutos aproximadamente. Cubra durante 2 minutos y apague el fuego.

Excelente si se sirve con arroz y frijoles.

Stuffed Chayotes

Ingredients

8 large chayotes
2 stale bread rolls or pieces of bread
3 tablespoons of raisins
7 oz. butter
2 tablespoons of dry bread crumbs
8 sticks cinnamon
1 tablespoon of sugar
Salt to the taste.

Preparation

Parboil the chayotes. Cut in half and scoop out most of the flesh, leaving a layer. Place the chayote shells in a dish of iced water to harden a little. Beat the eggs stiffly. Soak the bread in milk and blend; then mix with the chayote flesh and the melted butter. Mix well and season with sugar and salt to taste –the flavor should be predominantly sweet, not savory. Finally, add the beaten eggs and raisins. Fill the chayote shells with the mixture, place a stick of cinnamon on top of each and sprinkle with breadcrumbs. Dot with butter.

Place in a heat-proof dish and bake at 350ºF until golden.

Chayotes Rellenos

Ingredientes

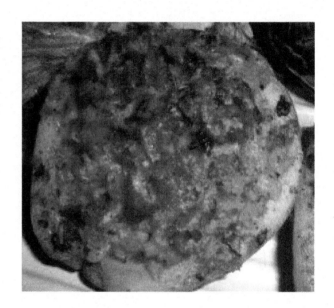

8 chayotes grandes
2 rollos de pan duro o piezas de pan
3 cucharadas de uvas pasas
7 oz de mantequilla
2 cucharadas de pan rallado
8 astillas de canela
1 cucharada de azúcar
Sal al gusto

Preparación

Cocer los chayotes. Cortar por la mitad y sacar la mayor parte de la pulpa, dejando una capa. Colocar los cascarones de chayote en un recipiente con agua helada para endurecerlas un poco. Batir los huevos con fuerza. Remoje el pan en la leche y licúe; luego mezcle bien con la pulpa de chayote y la mantequilla derretida. Sazone con sal y azúcar al gusto, el sabor debe ser predominantemente dulce, no salado. Por último añadir los huevos batidos y las pasas. Rellene los cascarones de chayote con la mezcla, colocar una astilla de canela en la parte superior de cada uno y espolvorear con pan rallado. Coloque puntos de mantequilla por encima.

Coloque en un plato resistente al calor y hornee a 350ºF hasta que estén doradas.

Potato Cakes

Ingredients

1 lb red potatoes
3 eggs
½ lb grated Cotija cheese
Salt to taste
Black pepper to taste
3 tbs all purpose flour
2 cups cooking oil

Preparation

Boil red potatoes for about 30 minutes –potatoes should be soft when you pinch them with a fork. Peel and mash well. Combine with eggs, cheese, salt, pepper, and flour. Using your hands make small cakes with the mixture and set aside. In a large skillet heat the cooking oil. (It will be hot enough when you drop a bit of the mixture and it bubbles.) Drop potato cakes and fry over medium heat until golden brown. When potato balls are fried, place them on a plate with paper napkins to soak all the excessive oil.

Tortas de Papa

Ingredientes

1 lb de papas rojas
3 huevos
½ lb de queso Cotija rallado
Sal al gusto
Pimienta negra al gusto
3 cucharadas de harina
2 tazas de aceite de cocina

Preparación

Hierva las papas por 30 minutos aproximadamente –las papas deben estar suaves cuando se pinchen con un tenedor. Pelar y majar bien. Mezclar con los huevos, el queso Cotija, sal, pimienta y harina. Utilizando sus manos haga pequeñas tortas con la mezcla y reserve. En un sartén, caliente el aceite de cocinar (el aceite estará lo suficientemente caliente cuando eche un poquito de la mezcla y haga burbujas). Ponga las tortas de papa en el sartén y fría a fuego medio hasta que tengan color marrón claro. Sáquelas y colóquelas en un plato sobre papel absorbente para eliminar el exceso de aceite.

Servir caliente con una buena salsa verde y/o con crema mexicana. ¡Disfrute!

VI. Miscellaneous/Extras

Champurrado (Porridge)

Ingredients

1 gallon milk
1 can evaporated milk
1 can condensed milk
1 bar dark chocolate
1 small 'piloncillo' (cone of hard brown sugar; also presented square-shaped)
1 cinnamon stick
3 cups of water
1 cup of masa flour

Preparation

Put the water, cinnamon, chocolate and brown sugar in a pot over heat until it boils, then put it on low heat to simmer. Mix the masa flour with a little bit of water until it forms a thick liquid. Add the masa to the boiling ingredients progressively, revolving constantly to avoid lumps, until it boils. Add the cans and gallon of milk until it boils.

Ingredientes

1 galón de leche
1 lata de leche evaporada
1 lata de leche condensada azucarada
1 tableta de chocolate oscuro
1 piloncillo, panela o papelón de azúcar (pequeño)
1 trozo de canela
3 tazas de agua
1 taza de harina 'masa'

Preparación

Se pone a hervir en una olla el agua, la canela, el chocolate y el piloncillo y luego se pone a fuego lento. Se mezcla la harina masa con un poco de agua hasta hacerla un líquido espeso y se agrega poco a poco a los ingredientes en ebullición, revolviendo constantemente hasta que hierva para que no se formen grumos. Luego se agrega el galón y las latas de leche y se deja hasta hervir.

Tiempo de preparación: 1 hora

Ingredients

4 eggs
4 cups of crumbled fresh cheese (Queso fresco)
2 cups of fine corn flour
2 tablespoons of sugar
8 tablespoons of skim milk
6 cups of vegetable oil

We eat them at Christmas. My mom makes them. They are chewy and delicious!

Leslie

Preparation

Beat eggs in a 2-quart mixing bowl. In a 5-quart bowl, add the cheese, corn flour, sugar, and beaten eggs and mix well. Add the milk and stir the dough until it is fully homogenized. Make 24 balls with the dough. Heat the 6 cups of oil in a skillet over medium heat for about 5 minutes or until it begins to smoke slightly. Reduce heat to low and carefully fry the fritters until golden brown (approximately 4 minutes). If you notice the oil is not hot enough, increase it to medium. When they are done, remove them from the oil and place them on paper towels to absorb the excess oil. To make a tree with these delicious fritters, use a Styrofoam cone. Place toothpicks in the cone and push the fritters onto the toothpicks. Depending on the size of the cone, you may need to increase the amount of each ingredient. For example, if you use an 11-inch cone you need to triple the recipe except for the oil. Sprinkle the fritters with parmesan cheese or sugar.

Ingredientes

4 huevos
4 tazas de queso fresco desmenuzado
2 tazas de harina de maíz fina
2 cucharadas de azúcar
8 cucharadas de leche descremada
6 tazas de aceite vegetal

Preparación

Batir los huevos en un bol de 2 litros. En un recipiente de 5 litros, añadir el queso, la harina de maíz, el azúcar y los huevos batidos y mezclar bien. Añada la leche y revuelva la masa hasta que esté completamente homogeneizada. Hacer 24 bolas con la masa. Caliente las 6 tazas de aceite en una sartén a fuego medio durante unos 5 minutos o hasta que comience a humear un poco. Reducir el fuego a baja temperatura y con mucho cuidado freír los buñuelos hasta que se doren (aproximadamente 4 minutos). Si usted nota que el aceite no está suficientemente caliente, aumente a temperatura media. Cuando estén listos, retirarlos del aceite y colocarlos sobre toallas de papel para absorber el exceso de aceite. Para hacer un árbol con estos deliciosos buñuelos, use un cono de espuma de poliestireno. Coloque palillos de dientes en el cono y empuje los buñuelos en los palillos de dientes. Dependiendo del tamaño del cono, puede ser necesario aumentar la cantidad de cada ingrediente. Por ejemplo, si utiliza un cono de 11 pulgadas es necesario triplicar la receta, excepto para el aceite. Espolvorear los buñuelos con queso parmesano o con azúcar.

Cheese Bread

Ingredients

6 eggs
Condensed milk 1 (14 oz.)
1 cream cheese (190 g.)
1 package of Marie biscuits
1 stick of butter (4 oz.)

Preparation

Melt butter, crush the biscuits, and mix ingredients in an oven-safe container. This mix should form a kind of dough. Spread container with dough. Add the remaining ingredients in a blender and blend until mixture liquefies. Place on top of the dough and put in the oven for 35 minutes in a water bath (preheated oven at 325 ° F. Cover the container with aluminum foil).

Pan de Queso

Ingredientes

6 huevos
1 leche condensada (14 oz.)
1 queso crema (190 g.)
1 paquete de galletas María
1 barra de mantequilla (4 oz.)

Preparación

Derretir la mantequilla, triturar las galletas y mezclar ingredientes en un contenedor resistente al horno. Con esta mezcla, formar una especie de masa. Poner en una licuadora el resto de los ingredientes y licuar bien. Verter esta mezcla sobre la masa y meter al horno por 35 minutos en baño maría (el horno precalentado a 325°F y cubrir contenedor con papel aluminio).

Devil Sauce

Ingredients

20 'pasilla' chiles, without seeds
1 onion
2 heads of garlic
2 cups of cider vinegar
1 tablespoon of oregano
1 tablespoon of marjoram
3 bay leaves, shredded
5 peppercorns
3 cloves
1 cup of olive oil
Salt to taste

Preparation

Toast the chiles in a skillet along with the onion and garlic. Then put them in a pan with the vinegar, herbs, and peppercorns and cook for 20 minutes. Remove ingredients from the pan, put in a blender and puree until smooth. Drain excess liquid and put the puree back in the blender. Add the oil and blend again. Add salt to taste and store in a glass jar.

Salsa Diablo

Ingredientes

20 chiles pasilla, sin semillas
1 cebolla
2 cabezas de ajo
2 tazas de vinagre de sidra
1 cucharada de orégano
1 cucharada de mejorana
3 hojas de laurel, rallado
5 granos de pimienta
3 clavos de especie
1 taza de aceite de oliva
Sal al gusto

Preparación

Tostar los chiles en una sartén junto con la cebolla y el ajo. A continuación, ponerlos en una cacerola con el vinagre, hierbas y granos de pimienta y cocinar por 20 minutos. Retirar los ingredientes de la cacerola y licuar hasta que quede un puré suave. Escurrir el exceso de líquido y poner el puré nuevamenta en la licuadora. Añadir el aceite y mezclar de nuevo. Añadir sal a gusto y almacenar en un frasco de cristal.

Potato Omelet

Ingredients

3 medium potatoes (with the skin and sliced into 3/8 inch thick)
¼ cup water
3 tablespoons olive oil
1 large onion, thinly sliced
3 cloves garlic, minced
8 ounces fresh mushrooms
1 red pepper, thinly sliced
¼ teaspoon salt
¼ teaspoon pepper
6 eggs, beaten
1 cup shredded cheddar cheese
1 tablespoon chopped fresh parsley

Preparation

Preheat oven 325°F. Place potatoes and water in the pot and simmer for 30 minutes, then drain. Heat olive oil in a skillet over medium heat. Add the onion, garlic, mushrooms and red pepper and sauté for 5 minutes or until onion is tender. Add potatoes and cook until softened, stirring occasionally. Sprinkle with pepper. Pour half the beaten eggs over potatoes and sprinkle half the cheese. Add remaining egg and remaining cheese–do not stir. Reduce the temperature. Place the pan in the oven and cook for 10 minutes or until the egg is hard and lightly browned. Cool slightly in pan. Serve in a dish or cut into pieces and sprinkle with parsley. Serve hot or cold.

Ingredientes

3 papas medianas (con su piel y
rebanadas en 3/8 pulgadas de
grosor)
¼ de taza de agua
3 cucharadas de aceite de oliva
1 cebolla grande finamente
rebanada
3 dientes de ajo machacados
8 onzas de hongos frescos
1 pimiento rojo finamente rebanado
¼ de cucharadita de sal
¼ de cucharadita de pimienta
6 huevos batidos
1 taza de queso cheddar rallado
1 cucharada de perejil fresco picado

Preparación

Precaliente el horno a 325°F. Coloque las papas y el agua en la olla y deje
hervir por 30 minutos: luego escurra el agua. Caliente el aceite de oliva en
un sartén a temperatura media. Agregue la cebolla, el ajo, los hongos y el
pimiento rojo; sofría durante 5 minutos o hasta que la cebolla se ablande.
Agregue las papas y cocine hasta ablandarlas, revolviendo ocasionalmente.
Rocíe con la pimienta. Vierta la mitad de los huevos batidos sobre las papas
y rocíe la mitad del queso. Agregue el huevo y el queso restante, no
revuelva, reduzca la temperatura. Coloque el sartén en el horno y cocine
durante 10 minutos o hasta que el huevo este duro y ligeramente dorado.
Deje enfriar un poco en la olla. Con un cuchillo despegue los bordes y sirva
en un plato o corte en pedazos y rocíe con perejil. Sirva caliente o frio.

VII. Drinks/Bebidas

Melon Seed Drink (Horchata)

Ingredients

1 cantaloupe (with seeds), peeled and chopped
For every cup of pulp add
1 cup cold water
1 ½ teaspoons fresh lime juice (or to taste)
1 ½ tablespoon sugar (or to taste)

Preparation

Place all ingredients in a blender and whirl until very smooth. Refrigerate for at least 1/2 hour (and up to 8 hours).When ready to serve, strain through a fine sieve and serve over ice cubes.

Ingredientes

1 melón cantaloupe (con semillas),
pelado y cortado
Por cada taza de pulpa agregar
1 taza de agua fría
1 ½ cucharaditas de zumo fresco de
limón (o al gusto)
1 ½ cucharada de azúcar (o al gusto)

Preparación

Coloque todos los ingredientes en una licuadora y licuar hasta que esté
muy suave. Refrigere por lo menos media hora (y hasta 8 horas). Al momen-
to de servir, colar en un colador bien fino y servir sobre hielo.

Rice Drink (Horchata)

Ingredients

2 quarts water
1 cup white rice
1/8 teaspoon ground cinnamon
½ lemon
1 cup sugar

Preparation

Wash the rice under running water in a strainer and leave to soak for three hours in a bowl of water. Drain and boil in two quarts water. When the rice is cooked, leave to cool and force through a sieve, mashing the grains with a spoon. Add the sugar, a few drops of lemon juice and the cinnamon.

Horchata de Arroz

Ingredientes

2 litros de agua
1 taza de arroz blanco
1/8 cucharadita de canela en polvo
½ limón
1 taza de azúcar

Preparación

Lavar el arroz bajo el chorro de agua en un colador y dejar en remojo durante tres horas en un recipiente con agua. Escurrir y hervir en dos litros de agua. Cuando el arroz esté cocido, dejar enfriar y colar a través de un tamiz, triturando los granos con una cuchara. Añadir el azúcar, el jugo del limón y la canela.

Hibiscus Iced Tea

Ingredients

4 cups cold water
½ cup dried hibiscus flowers
1 cinnamon stick
2 tablespoons to 1/4 cup simple syrup
Lime wedges (optional, for serving)

Preparation

Place the hibiscus and cinnamon stick in a large jar or bowl. Add water. Cover and refrigerate overnight (8 to 12 hours). Add simple syrup to taste. Strain out the solids and serve over ice with a squeeze of lime, if desired.

Store the brewed iced tea covered in the refrigerator for up to one week.

Ingredientes

4 tazas de agua fría
1/2 taza de flor de Jamaica
1 astilla de canela
2 cucharadas a 1/4 taza de jarabe simple
Rodajas de limón (opcional, para servir)

Preparación

Coloque la flor de Jamaica y la astilla de canela en un frasco o recipiente grande. Agregue agua. Cubra y refrigere durante la noche (de 8 a 12 horas). Añadir el agua Azucarada (jarabe simple) al gusto.

Colar y servir con hielo y un poquito de zumo de limón, si lo desea.

Almacene la bebida tapada en el refrigerador hasta por una semana.

Tepache

Ingredients

1 ripe pineapple, or about 3 cups
1 pound raw sugar or dark brown sugar
1 cinnamon stick
5 whole cloves
4 liters water, or 16 cups

Preparation

Bring to a boil the water along with the sugar, cinnamon stick, and cloves. Simmer, stirring once in a while, for about 10 minutes.

While the water is simmering, wash the pineapple thoroughly, and remove the stem and bottom. Cut it into 2 inch cubes, without taking off its rind.

Once the flavored water is ready, add in the pineapple chunks and cover. Let rest for 2 days, or 48 hours, in a warm area of your kitchen. The mixture will begin to ferment and bubble on the surface. Don't let it ferment much longer.

Strain tepache through a fine strainer or cheesecloth, and serve very cold. You can either refrigerate it or serve over ice cubes.

Tepache

Ingredientes

1 piña madura, o alrededor de 3 tazas
1 libra de azúcar sin refinar o azúcar morena
1 astilla de canela
5 clavos de especie
4 litros de agua, o 16 tazas

Preparación

Ponga a hervir el agua junto con el azúcar, la astilla de canela, y los clavos. Cocine a fuego lento, revolviendo de vez en cuando, durante unos 10 minutos. Mientras que el agua está hirviendo, lavar bien la piña, y quitar el tallo, el centro y la parte inferior. Cortar en cubos de 2 pulgadas, sin pelarla.

Una vez que el agua de sabor esté lista, agregue los trozos de piña y tape. Deje reposar durante 2 días o 48 horas, en una zona tibia de su cocina. La mezcla comenzará a fermentar y a hacer burbujas en la superficie. No deje fermentar mucho más tiempo. Colar el tepache en un colador fino o una gasa de preparar queso, y servir muy frío. Puede refrigerar o servir sobre hielo.

VIII. Desserts/Postres

Rice Pudding

Ingredients

1 cup of white rice
4 cups milk
4 cups water
1 cup sugar (or to taste)
1 stick of cinnamon
1 can of condensed milk
Ground cinnamon (for dusting)
¾ cup raisins (optional)
A pinch of salt
1 tsp vanilla (or to taste)

Preparation

Put the rice and cinnamon stick in a sauce pan with the 4 cups of water. On low heat, let the water be absorbed and/or evaporated until it is just above the rice. Add the 4 cups of milk and continue cooking it until the rice is cooked and the mixture is thick. Add the sugar, the pinch of salt and stir lightly. Five minutes later, add the can of condensed milk, vanilla and continue to stir. Once the rice is cooked, pour it into a bowl, stir in raisins and dust the top with ground cinnamon as desired.

Arroz con Leche

Ingredientes

1 taza de arroz blanco
4 tazas de leche
4 tazas de agua
1 astilla de canela
1 taza de azúcar (o al gusto)
Canela molida (para espolvorear)
¾ de taza de pasas (opcional)
Una pizca de sal
1 cucharadita de vainilla (o al gusto)

Preparación

Ponga el arroz y la astilla de canela en una cacerola con las cuatro tazas de agua. A fuego lento, dejar que el agua sea absorbida y/o evaporada hasta que esté justo por encima del arroz. Luego agregue las cuatro tazas de leche y deje hervir hasta que el arroz esté cocido y la mezcla esté espesa. A continuación, añada el azúcar, la pizca del sal y revuelva ligeramente. Cinco minutos después, agregar la lata de leche condensada, la vainilla y seguir removiendo. Una vez que que la mezcla espese o alcance la consistencia deseada, agregue las pasas, verter en un recipiente y espolvorear con canela molida al gusto.

Maria Biscuit Porridge

Ingredients

2 liters milk
½ packet Maria biscuits
1 can evaporated milk (12 ounces)
1 cinnamon stick
1 tbsp. vanilla extract
Sugar to taste

Preparation

Boil milk with the cinnamon stick and set aside. Blend Maria biscuits with 3-4 cups of boiled milk until obtain a smooth mix. Pour this mix with remaining boiled milk, vanilla and evaporated milk in a saucepan. Add sugar to taste and simmer, stiring constantly until reach desired consistency.

Atole de Galleta María

Ingredientes

2 litros de leche
½ paquete de galletas María
1 lata de leche evaporada (12 oz)
azucarada (descremada)
1 astilla de canela
1 cda. de extracto de vainilla
Azúcar al gusto

Preparación

Hervir la leche con la canela y reservar. Licue las galletas en una licuadora con la leche suficiente para obtener una mezcla homogénea.

Vierta esta mezcla, el resto de la leche, la vainilla y la leche evaporada en una olla. Agregue azúcar al gusto y deje hervir sin dejar de mover hasta obtener la consistencia deseada.

IX.

**Dictionary-for Foods and Ingredients/
Diccionario-para la Comida e ingredientes**

Ingredients in Mexican Cooking
Ingredientes de la Cocina Mexicana

Acitron:
Candied barrel cactus, used in savory dishes to give contrasting texture and a touch of sweetness.

Achiote:
The seeds of the annatto tree, used ground to a paste to flavor and give an orange-red color to meat and dishes and sauces.

Adobo:
A paste of various chiles and spices ground together. Used for seasoning meat and fish.

Avocado:
Used in salads or as a garnish for cooked dishes. The leaf is also used as flavoring.

Sesame seeds:
Beige (unhulled) seeds with a nutty flavor and aroma, used in some sauce for meat and poultry, and as a garnish.

Capers:
The picked flower buds of the caper shrub. Used mainly in fish dishes.

Aniseed:
An aromatic seed with a warm, sweet flavor. Used in desserts, drinks, cakes and some savory dishes.

Saffron:
The stigmas of the saffron crocus, which give aroma, taste and a strong yellow color to food. True saffron is not produced in Mexico, and local 'saffron' is the stigma of safflower. Sometimes turmeric or a hard seed are used as substitutes.

Peanut:
In Mexican cooking mainly used ground to a paste in sauces for meat and in the preparation of cookies and candies.

Cinnamon:
Bark of the cinnamon tree, with a strong, aromatic taste. Used in sticks or ground in both sweet and savory dishes. An essential ingredient of 'café de olla.'

Coriander:
Fresh coriander is perhaps the best loved and most widely used herb in Mexican cooking. It features as a ingredient or garnish in a large number of dishes. Always sold with its roots.

Cuitlacoche:
Black fungus that grows on ears of corn. Highly esteemed as a filling for quesadillas (turnovers), it can also be made into a delicious soup. Also called huitlacoche.

Charales:
Tiny white or semi-transparent fish, usually sold dried.

Chaya:
Leaf with a cabbage-like taste. Appreciated mainly in Yucatan, where it has been used since pre-Hispanic times.

Chayote:
A tropical squash, also know in English as christophene and cho-cho. Three varieties are found in Mexico: pale-green and pear-shaped; a smaller cream-colored one, and the dark green spiny chayote. The seed is edible.

Chia:
Seed of a variety of sage.

Chicharron:
Pork skin which is first cured with spices, dried, and then fried until puffed and crisp. Used cooked in chili sauce, and dry as a taco filling, snack and garnish.

Chiles:
A plant native to Mexico, where there are more than a hundred varieties. The chiles used in the recipes of this book are:

FRESH:

Cuaresmeno: a darkish green oval shaped chili.
Chilaca: long and thin, bright to dark green.
Habanero: this small rounded chili, which may be green, yellow or orange, is extremely hot. Used mainly in dishes and sauces origination from the states of Yucatan and Campeche.
Jalapeno: a conical, mid to dark green chili (red when ripe), 5 to 6cm long.
Piquin: two varieties of chili are called piquin. The tiny round one is pickled while still green. The other, also very small (under 1 cm long), is used fresh.
Poblano: a large, dark green variety.
Serrano: a small (3 to 4cm), bright green chili. Also used pickled.

DRIED:

Ancho: the ripened, dried poblano chili. Wrinkled, and dark red-brown in color.
Cascabel: a small, round (2-3 cm across) dark red chili.
Chipotle: small, wrinkled and light brown, in it the ripened, dried and smoked jalapeno chili. Used dried, but preferred in adobo sauce.
Guajillo: a fairly long, pointed brownish-red chili with a smooth skin.
Morita: small, conical and reddish brown.
Mulato: Very similar in shape to the ancho, but darker in color, almost black.
Pasilla: the ripened, dried chilaca chili. Very dark red, almost black.
Piquin: the long variety is allowed to ripen, and then dried. Ground, it becomes cayenne pepper.

Chorizo:
Sausage mad of chopped or ground pork, seasoned with various spices, chili and paprika.

Epazote:
A strong tasting herb, used sparingly. Sometimes know in English as wormseed or Mexican tea.

Flor de Jamaica:
The dried flowers of a variety of hibiscus, sold as sorrel or roselle and available in Latin American and Caribbean markets. Used to make a rather sour drink that is very refreshing.

Guaje:
These long (15 to 20 cm), flat pods contain seeds resembling large green lentils, with a strong taste of raw peas.

Hierba santa:
The large heart shaped leaf of a variety of pepper, tasting strongly of aniseed. Also know as hoja santa.

Higuera:
The leaf of the fig tree, used as flavoring.

Jumiles:
Grayish insects used in some sauces.

Lemon:
The small green lemons commonly used in Mexico are know elsewhere as sour limes.

Mejorana:
An aromatic her b with a strong, spicy taste. Included in the traditional bouquet garni.

Mezquite:
An American tree whose sap is used to tenderize corn kernels.

Mixiote:
The outer membrane of agave (maguey) leaves.

CPSIA information can be obtained
at www.ICGtesting.com
Printed in the USA
LVOW05s2108160816

500627LV00005B/5/P